Pisan portaat

Pojalleni

Elämä on suuri seikkailu

KM Wegelius

Pisan portaat

A

Blogini: https://kmwegelius.blogspot.com
ISBN 978-952-800-318-2

Takakannen kuva: Jaana Kotamäki
Kustantaja: BoD™ – Books on Demand, Helsinki, Suomi
Valmistaja: Books on Demand GmbH, Norderstedt, Saksa

A1 Ihmissuhdeoppi

Onnellisuuden mittarina voidaan oikeutetusti pitää onnistumistamme ihmissuhteissa.

Tämä keskeinen osaamisalue jää virallisten opetusohjelmien osalta katveeseen. Liian paljon ihmissuhdetaidoista jää lähipiirin esimerkin antaman mallin varaan.

Uusiksi oppiaineiksi ehdotan

- seurustelu
- kumppanuus
- vanhemmuus
- ystävyys

Kaikkiin pakollinen tet -jakso

Seuraavaksi muutama ajatukseni näistä miehen ymmärryksen reunamilla häälyvistä, vaikeasti ilmaistavista, jatkuvasti ja kaleidoskooppimaisesti muuttuvista tunneälyn tapahtumista.

Enkö kaivannut läheisyyttäsi,
vaikka puhumatta tulinkin tykösi

Enkö uskonut,
että täyttäisit
valottomat kohdat omillasi

Toivo ja pelko molemmissa

Halu antaa vain sinulle,
sillä sinut sain

ÄITI

Silmät katsovat
näkevät vain lähelle
siihen asti missä lapsi on

Mielessään kaipaa olla joku muu, muualla
takapihan portin taakse ei turhaan mennä
Alitajunnan aurinkoranta
on huomisen maassa

Toisesta huoneesta kiire
tyhjyys tulee heti
minuuden osa puuttuu

Kuvat eivät korvaa
tuoksua hiusten
tai kämmenselkien

Muistot vain vähäinen häivähdys
hetkestä, jolle kaikkensa kantaa
ja se riittää

Läheisyydellään etäisyydet poistaa
etsimättään löytää

Hetken tullen oikean
löysää otteen
antaa itsenäisyyden

VAPARI

Aamulla kun lähdet
keltaisen sadetakkisi kahina
avainnippusi kaiuton kilinä

jättävat minulle kentän kokoisen alueen
kikkailla, harhautella, pystyyn juosta ja laukoa
lopuksi suoralla punaisella vaihtopenkille
katsomaan muiden totisinta ilakointia

Olen kuin joki
sinussa saavutan meren

Makea veteni
sekoittuu meresi suolaan

Laimeuteni saa sinusta terän
särmäsi hetkeksi pyöristyy

Rakkautemme merestä vesi haihtuu,
luonnon laki

Suolan maku voimistuu
haihdun sinne pilviin

Sadan taas,
uusille ylängöille

Sinertyvä kokonainen kuu
roikkuu taivaasta alas

paljastaa merenneidon
matalalla karillaan
aavaansa ylpeästi
katsoo yksin neito

Peittää sisällensä
särkevän salaisen kolon
kuristavan katkeran pelon
yksinäisyyden harmaan
ahdistavan olon

Kariltansa mereen
hyhmäiseen veteen
Merenneito piiloonsa liukuu
valtakuntaansa turkoosiin,
johon seurata en voi

9

Muistan sinut kun
merituuli puhaltaa kasvoilleni

Kevään ensimmäinen lämmin kosketuksesi
kun kuljimme Naantalin rantakallioilla

Muistan sanasi ja lupaukset
sydämestä löytyneet
joita todisti auringonlasku
kun kuljimme Naantalin rantakallioilla

Muistan hiuksesi ja huulesi
vuorotellen peittivät kasvoni ja ajatukseni
kun kuljimme Naantalin rantakallioilla

Muistatko minut kun länsituuli huokailee
muistatko lohduttomat rantaan vyöryneet aallot
kun viimeksi kuljimme Naantalin rantakallioilla
eikä minkään pitänyt muuttua

Kun astuimme Naantalin rantakalliolta laivaamme
kääntyi purje kotiin päin

Että kuulisin äänettömän unesi vieressäni
ei tuulen kolina peltikaton alla
korvaa sinun hiljaisuuttasi yössä

Mutta hereillä ollessasi
kun minulle jäkätät
kuulen vain ilmastointilaitteen
hiljaisen huminan

Sytytät kynttiläsi
se valaisee sateenkaaren päähän asti
sieltä värit valuvat
raskaan meren syvänteisiin asti
virtojen pyörteissä leviten
kaikkialle meriesi laajuuteen

Valosi värit
hetkeksi vain
elämäni kirkastaa

Rakkaus on jo
sinulle sanottu
kirjoituksillakin kerrottu

Minä sanon sen sinulle
ensimmäistä kertaa

Minä sinulle, tämän kerran

Tässä minä pieni poika
seison edessäsi nuori tyttö

Peloissamme molemmat
pyydän sinua
toivon lähes huomaamatonta
hyväksynnän hymyä

Avaisit meille mahtavat portit
elämän läikehdintään
kaikkein tärkeimpään

Korkojen korottamana
liukuen jalka jalan eteen

Selän kaari kuin joutsenen kaula
otsa kohti ääretöntä
silmissään innostuksen valot

Leijonan harja sielun peilin rajaa
kuningatarlilja aukeaa
sanojen tulviessa salassa

Kolibrin laulu naurussaan
herkkyyden voima laulussaan
ohut rakkaus sanoissaan

Koreografiat muotoutuvat
tulevina öinä

Runooni lisään vielä virkkeen
väritän yhden uuden punaisen kielikuvan
hahmotan yksinäisyyttäni kuun tuulella
määritän rakkauteni kevään tulppaanin puhkeamisella
saan sanomastani täydellisen,
kun ymmärrät korvanipukankin kauneuden

Täydellisyys on ihan muuta
Kohtaan sinut ja sanon
Rakastan sinua

Muistatko kun meistä kahdesta tuli yksi
seuraavaksi meistä kahdesta tulikin kolme
Pyhä tarkoituksemme koulia kolmannesta
parempi yksi
kuin meidän kahden yksi

Vain huokaus jälkeesi
erottaa minut
yksinäisyyden tuhansista ilmeistä

Kuin ikkuna sieluni aukeaa
vain vähäksi aikaa syttyy
sammuakseen taas

Palaa olon arkipäiväisyys

Kaikki hyvä, oikea
ilmestyy hetkessä
aukeamisen
tai sulkeutumisen

Sinun ajatuksesi
pyrin sinne
kuin Everestille
uuvun kesken
johdattava sherpa jäi perusleiriin
epäröin, putoan

Kuilun syvyydessä
siemen itää, kasvaa
roudankin alla

A2 Talousoppi

Viikkoraha, kuukausiraha, kesätyön palkka, opintoraha. Tärkeät portaat kohti oman talouden hallintaa. Tätäkään tuiki tärkeää elämähallinnan työkalua ei liikaa painoteta opinahjoissa. Ota tämä kivijalka haltuun, se auttaa yli monesta muusta kimurantista tilanteesta.

Joillakin on enemmän kuin toisilla. Molemmilla on silti onnistumisen avaimet käsissään. Toinen voi painottaa henkistä ja aineetonta arvomaailmaa ja toinen materian mahtia. Onnellisia voivat olla molemmat. Kaikki eivät onnistu ilman apua, tässä mitataan ihmisen paino, autatko vai alistatko.

talvi

paukkuu, narskuu, ritisee, suihkii

Kiivaita syytöksiä hallituksen politiikkaa kohtaan,
vaikka 80 000 uutta työpaikkaa vajaassa hallituskaudessa

kevät

solisee, laulaa, äänetöntä odotusta, hurisee

Pääministerin kotona tehdyssä dokumentissa
veistetään yhdessä venettä. Aiheuttaa 1,5% nousun
gallupeissa. Virhemarginaali +- 2,5%

kesä

liplattaa, suhisee, sirkuttaa, jyrisee, viheltää, sihisee

Bruttokansantuotteen kasvu 3% ylittää 27 vuoden takaiset
huippuvuodet. Jaaritellaan säästä, pöhistään talouspolitii-
kasta taas huonoina aikoina

syksy

litisee, humisee, loiskuu, ulvoo, vinkuu

Perheväkivallan uhreja ei kuultu, vaikka heitä on
moninkertainen määrä terrorismin ja järjestäytyneen ri-
kollisuuden uhreihin nähden

21

Kaikkeni annoin
vapaasta tahdostani

Parempi antaa ennen kuin
kuitenkin otetaan

Vapautenikin vietiin
samalla syyllisyys

Orjuudesta päädyin isättömäksi

Uuden auktoriteetin haluan
orjaksi uuden isännän

Vertailukaudella yrityshautomon kokonaistuotanto
eskaloitui velkakriisiksi

Keskushallinto vaikutti riskisijoittajalta ja päätti
panostaa fiksuun nuukailuun
tuloksena lomarahaleikkaukset

Startup -yritysten rahoitus johti
vääristyneeseen hintakilpailuun

Älydata trollasi konkurssiuhalla
kriisiyhtiön salkunhoitaja reguloi

Aseväkivalta aiheuttaa 2,4 mrd menot
sairaanhoitokuluina

Sinkkumainonnan platformina
Tinder on ylittänyt kaikki odotukset

Kannattaako salkkuaan suojata,
laajat maantieteelliset tyhjiöt
jäävät kuitenkin ilman kaipaamiaan
investointieuroja

23

Popsocket brändipuhelimessa
pelastaa laskevat markkinat

Arkipäiväistä on eri todennäköisyyksien
ja simultaanien skenaarioiden hallinta

Strategiallamme pitää olla
multigeneerinen varianssi,
ilman sitä aktiivimalli
passivoi miehen masennukseen

Koillisen maan mahtava isäntä
antoi minulle, pojalleen, tehtävän
Eteläisten alueiden herralta
Horukselta oli ryöstettävä aarre
Aarre niin arvokas, sen turvin voisi hallita
kaikkia kansoja merien tällä puolen

Minut varustettiin kilvin, miekoin ja miehin
Matka alkoi toivorikkain ajatuksin
Isän ylpeät katseet seurasivat lähtöäni

Matka kohti lämpimämpiä maita
raskas, pitkä
Ajatukseni karkasivat useasti
aarretta kauemmaksi
Isän haluun vallasta ja rikkauksista
minun edukseni, minun kauttani

Perille saavuttuani viekkaudella pääsin Horuksen hoviin
Piilotin mieheni ja miekkani
Isäntäni aavistamatta, ystävystyin, hän otti lähellensä
esitteli aarrekammionsa, kaikki käteni ulottuvilla

25

Serafia, tytär Horuksen, niin viattoman oloinen
käänsi katseeni eleillään
ajatukset aarteesta itseensä

Taisteluitta antauduin

Nyt appi Horus ja valtiaani Serafia
hallitsevat myös maata koillista

Lasten isät ja äidit
nurkkiin ahdistetut

Äitien ja isien lapset
vähään ja väärään oppineet

Ei uteliaisuus loista
katseista näiden lasten

Ei toivo tulevasta
johdata ulos lähiöstä

Kasvaessaan herää viha
ei vanhempiinsa
vaan heidän kiusaajiinsa

Pahantekijät
nousevan polven kostossa
syntiensä myrkyn
kitkerän velan maksavat

Valkoisen kuplavolkkarisi
omistat vain siksi
että haluamasi voit saada

Ajat kaupungille
ilmaiseen parkkiruutuun
mennäksesi ei minnekään
ostat kaupasta paidan
juot kupin kahvia
kalliimpi kuin paketti

Palaat kuplavolkkarillasi
suureen taloon
tyhjyys täynnä
ei mitään

Katkera on työn ja merkityksen jälkeen
maistaa korvausten suolatonta leipää
tukien laiha puuro
ei värjää päivään punaistaan
käsien tarpeeton touhu
ei uuvuta uneen syvään
pitkien polkujen päässä
ei näy maalinauhaa

Näytelmä tämäkin

väliajan jälkeen

jatkuu uusin sisällöin

Pieni puotisi
omasi, näköisesi
aamusta asti
esillepanosi
elantosi

Ovi auki
mainosplakaatti ulos
valosi ja lämpösi kadulle

Kirjoissasi kaikki tarinat
silmissäsi niiden ymmärrys
polkusi päässä katharsis

Kun olin vielä lapsi
oli serkkuni jo nuori mies
Hyvin älykäs ja pohdiskeleva mies
analyyttinen elämän nautiskelija

Hän käytti aina Elmex hammastahnaa
Oranssi-valkoinen, mitätön pakkaus
valkoinen mauton tahna
kiiteltyjen lääkärien suosittelema

Ei mainosteta, ei halpuuteta
ei muutu palkittu brändi
serkun mielessä aina paras

Vuosikymmenten ajan
kiitos serkun
minunkin brändini Elmex

Näin upeat autot
kauniit kodit
rahat ja korut

Halusin niistä osani

kunnes elämä asetti eteeni peilin
jossa pimeä ja kolkko maailma
parkui kuoleman valoissa

Vanhempi vääräleuka
markkinoita kolunnut komea konna
myyntikoju reissuissa viutiloksi vääntynyt

Katajasta soppalusikat, paistinlastat, voiveitset
ja pastakauhat

Pari euroa hienolta rouvalta
halvempi hinta opiskelijatytöltä
poika löytää äidilleen lahjan
pappa pelkän juttukaverin

Markkinapäivän jälkeen
auringon jo laskettua
sydän löytyi monelle

33

A3 Luonnonoppi

Luontoa ei enää koeta osaksi ihmisen aluetta. Luonto on elämyspuisto, jossa poiketaan vapaa-ajalla. Ihmisen aluetta ovat koti, työpaikka, kulkuneuvo ja kaupunki. Kuitenkin ihminen on luonnon osa, viimeisten vuosikymmenten aikana olemme rakentaneet nämä kulissit ympärillemme. Vieraannumme omasta luonnollisuudestamme.Vasta dystopiassako palaamme juurillemme.

Pohjanmeressä

tuulesta, viimasta viluisena
kyynel voiman tunnosta
meren aaltoihin hukkuu
siihen tyrskyksi sekoittuu

sieltä ihollesi eksyy
kauniimpana hetkenä
lämpimänä

Aamun usva kiertyy
latvojen yli

Puun runko kurkottaa
ymmärrystään ylemmäksi

Tienoon harmaus
saartaa oksien rivit

Hiljalleen satava lumi
oliko se sittenkin uni?

Poppelipuun viimeinen lehti
putoaa yön pimeydessä
siellä katseilta piilossa
liihottaa kauneus
alas muiden joukkoon
ja maatuu

Joen jäinen pinta,
pinnan päällä valkoinen lumi

Jään alla, piilossa, virtaa joki
kuumana kuin veri
keväällä voittonsa saa
tietäen,
pakkanen palaa aina

Täällä, hän kutsuu
marjat mättäillä
loppukesän tuoksu
mustikan kostea pinta
pohjoisen kirpeys suussa
sitkeyden voima meissä

Vain tätäkö odotin
enää yksi lehti
rungossa jäljellä

Tuulessa lepattaa
kertoo syksyn tulon
Antaa sen
mikä on itsessään kauneinta

Väreissään toivon
muodossaan ilon
liikkeissään uskon

Tulevaan kevääseen
uudet värit
toisen mahdollisuuden antaa

Ei mitään

Luominen Alkuräjähdys

Evoluutio Kuolema

Rajattomuus

4,8 miljardia vuotta on ilmastonmuutos jatkunut

Seuraavassa vaiheessa napajäätiköt sulavat
Merivirtojen suunnat muuttuvat
Golf virran lämmittävä vaikutus päättyy
Lämpeneminen ja vedenpaisumus muuttuvatkin
jääkaudeksi

On tämän jo tiedemieskin tiennyt

Ihmisen valtakausi Maan herrana päättyy,
onneksi kaikille muille lajeille

Hetken kuluttua,
vain muutaman miljoonan vuoden päässä,
täällä on uusi laji valtiaana

Ihmettelevät vuoren huipun jäätiköiltä löytyviä
säilykepurkkeja
Miksi ihminen söi vuoren huipulla säilykkeitä?
Sieltäkö alkoi ihmislajin joutsenlaulu?

Uudenkin lajin sykli loppuu johonkin
tiedettyyn tuntemattomaan

Onko aurinkomme alkuräjähdyksestä
jäljelle jäänyt kipinä,
kipinä hehkunut miljardeja vuosia
meille niin valtava ja tärkeä

Onko meidän nuotiomme kipinä
jonkun toisen aurinko
meille sammuu sekunneissa
toisille kestää miljardeja aikoja

A4 Taiteellis-mielikuvituksellinen oppi

Taiteiden harjoittaminen on älyn ja mielikuvituksen yhteinen leikkikenttä.

Kollektiivinen mielikuvituksemme on tärkein erottava tekijä ihmisen ja muiden elollisten välillä. Yhdessä uskomme asioihin, joita ei ole kuin ajatuksissamme ja uskomuksissamme: maat ja niiden rajat, raha, idolit, populismi, pörssikurssit ja muut sadut ja tarinat, joista on tullut totisinta totta.

Kollektiivisen mielikuvituksemme kruununjalokiviä ovat kymmenet tuhannet uskonnot ja jumalat. Niin hyvään ne meitä velvoittavat, pahuuteemme haemme niistä oikeutuksen, Jumalan nimeen ...

Ajatuksin harhailevin
puisessa pulpetissani
uskontotunnin uumenissa

Niin monet kirkot, uskot, jumalat
mikä on se oikea:
isänikö perintönä
opettajan antamana
sodillako selvitetty
tiedemiehen väitöksillä

ei

itse se on löydettävä
elämällänsä kirkastettava

Ikkunan takana
kevätaurinko kuumottaa
varpuset rakkauden töissä,
jonkun jumalan suunnitelma

Korppi kaartaa torin yllä,
torimyyjät tarkkailussaan,
lyhyt syöksy
herneenpalko nokassansa
lyhtypylväälle asettuu
nauttii aterian saalistetun

Huomaa parivaljakon
sinipukuisen, varustautuneen
koikkelehtii heitä kohden
nappaa salaa pullapalan

Kylläisenä, rauhaisana
reunalla kukkaruukun
edessänsä uskonsiskot
lohdutustansa tarjoavat

Terän isku rikkoo rauhan
ympärilleen tuottaa pauhun
Korppi nousee korkealle
jättää torin,
rikotun

Kirjaston iso ikkuna
sivistyksen näyttötaulu

toisella puolella lehdetön puu
lasin takana vedetön uoma
pimeys aivan vieressä

tyhjyydet jotka täytän
kuuluakseni

Pieni männynkäkkyrä
kallion halkeamasta
kituvalle kaarelle vääntyy
Siihen silti kohdistan
takana Pielisen ja Kolin laajat maisemat

Rakennusvirheen johdosta
kallelleen kääntyy torni
Ei pystyssä pysyisi
ilman uusia tukia
Miljoonat, kymmenet miljoonat
tuhansia kilometrejä lentää
ottaakseen kuvan
Pisan tornia
optisella harhalla
pystyssä pitävät

Oman epätäydellisyyteni siedän
epätäydellisyydelle kunnioitukseni osoitan

Ihmisen laajassa kykygalleriassa
on pysyvä rakkausbiennaali

Silti käsi alati hamuaa
myrkkypurkin kierrekorkkia

Yön mustat raskaat varikset
uuvuttavat minut uskomaan
etten enää jaksa

Aamun nousun valot
keventävät elämän
vaaleanpunaiseksi huvipuistoksi

Muista! hanki ranneke

Kovista kovin, kivikin
kaiken tärkeän kivijalka
iskusta vasaran murskautuu

Pehmeä elastinen ruohonkorsi
mitään sen varaan ei rakenneta
lyönnistä vasaran taipuu
päivän nousussa entistä korkeammalle kurkottaa

Särkymätön tuhoutuu aina kerralla

Väripaletilla vain kaksi väriä
Mitään emme ole oppineet
jos nyt kiipeämme mäelle
katsomaan punaista ja valkoista maisemaa

Oman kohtalonsa muokkaaja
hallitsee laveamman väriskaalan

Rauhankaipuuni on korkea vuori

Rauha on vain sillä vuorella
jota ihminen ei ole valloittanut

Rauha tulee ilman ihmisen yrittämistä

Tulen tuoksu ja tuulen väri
avaruuden taivas ja
kesähameesi valuva helma

Täydellisestä en enää
mitään poista

VOITTAJAN VASTUU

Helposti sinut
maahan muut sysäsivät
jos pystyssä kuitenkin olet

Olet oppinut vahvaksi
noustessasi aina ylös

Vahvuudessasi älä itse sysi
Nosta ja kannattele
siitäkin vahvistut

Istun tässä, hiljaa, mietin
mikä minut määrittää
ajatukseniko,
mieleni vai mielettömyyteni
omaisuuteni,

     sinä?

Me kaikki
minät muuttuvat meiksi
minua ei pidäkään määrittää
ottakaa osaksi teitä,
meitä

Kestämmekö valheita ja väärintekijöitä
Jaksammeko hyvää lupaavia
kaikkia rakastavia
tyhjäntoimittajia
Niitä, jotka ovat
osaamatta tehdä

Lentävien hihoissa
roikkuvat siipeilijät
liian usein voitolla

Lennä vielä korkeammalle
siellä siipiveikkojen
rohkeus pettää

Olet lapsesta asti oppinut uskomaan
yhteinen mielikuvituksemme
lähentää meidät samankaltaisiksi

Toisaalla oppivat toisenlaisiin uskomuksiin
yhtä mielikuvituksellisiin

Nyt nämä mielikuvitukset sotivat
ihmisten todellisuudessa

Neuvoisitko minua

Myöhään hyviä neuvojasi kysyn
Rauhoittavien pillereiden valhe
liian myöhään sekin

Turhaan huolestun
kuoleman varmuus on vakio

Kokonainen seinä
lasia valon tulla

Kokonaisia saleja
kirjojen viisautta täynnä

Kokonaisia tyhjiä tiloja
ymmärryksen syttyä

Kokonaisia ihmisten elämiä
vaihtokauppojen valuuttana

Kokonainen, selkeä kuva
pienistä paloista koottu

Opi kaikki se minkä muut ennen sinua
ovat oivaltaneet

Ota sieltä kaikki sinulle tärkeä
ja jalosta se vielä uuteen potenssiin

Jätä se seuraaville vielä parempana,

jospa joskus joku ymmärtäisi

Sumuista, hämärtyvää merta katsellessani
luulin nähneeni merenneidon

Tuulenpuuska hälvensi sumun
ja näyttikin minulle kylmän kuun

Eikö merenneito voisi olla totta?

Purjeveneessä
perillä

Matkantekoa, elämää

Määränpää vain
seuraava lähtöpaikka

Miksei sinulla hento pupujussi
ole alttaria,
jossa rukoilisit apua jumalaltasi,
itseäsi paremmalta versiolta itsestäsi

Et tiedä, niin kuin minä,
loppu lähestyy

Ymmärtämättömyydessäsi
elät ikuista elämää

A5 Jälki-istunto

Koulupäivän, työpäivän ja miksei elämänkin päätteeksi olisi hyvä pysähtyä jälki-istunnon rauhoittamaan hedelmälliseen ajatushetkeen.

Itsetutkiskelu ja kuluneen päivän, elämän, mietiskely avartaa arkiset ajatukset laajempaan ymmärrykseen kaiken yksinkertaisuudesta.

Kiiltävä ja ehjä
sisältä aivan tyhjä

Pinnassa muutama naarmu
kaiken jo tietää, luulee

Pahimmat haavat pinnan alla
toiset itseään tärkeämmät
ajan syövät, silti antavat

Kuori loppuun kulunut
Ajatusten säkki, painava kuin märkä palttoo

Kaiken nostat kärryille
hiljaa kulkee sillan yli

Kun laskeudun alas istuimelleni ähkäisen
Ylös punnertaessani puhisen
Syödessäni maiskuttelen ja juoma
uppoaa kurkkua klunksauttaen
Kysyessäsi kuulumisiani hymähdän
Ajatuksiini vajotessani huokaisen
Unissa syvimmissä korisen
Syyspimeässä tuhisen
Onnistumisen ylpeydestä korskun
Lehteeni uppoutuneena murahdan
Kuuluakseni joukkoon naurahdan

Vain puhuakseni vaikenen

Vanhenevan miehen hiljaisuus
on äänien pulkkamäki

Kuin riikinkukko
värikkäässä paidassaan
opiskelijatyttö kirjaston lukunurkassa

Kuin kaikkitietävällä
esseessään avain ymmärrykseen

Naurahtaa
kysyy, missä tupakkapaikka

Kuin palokärki hakkaa kynäänsä,
kirjaa viisautensa, lainatunkin

Valmiina kuin pakattu reppu,
sisältö tarkkaan suunniteltu

Taakka selkääni lisäät

kaksoiskyttyräni sen vielä tukee
kavioni karheat jouhet
ohenevat, harmaantuvat
suussa kuolaimen metallinen maku

Kepilläsi piiskaat

kohti uutta etäisyyttä
silmäni eivät enää
määränpäätämme näe

Aavikon laidalla

uuteen laukkaan hoputat
tämän vielä jaksan, jos ...

Kamelina karavaanissasi Kari kantaa vain

Koko elämä, se elokuva
rakkaita, aikaa, se elämä
Niin paljon kuitenkin, se vähä

Koti ja piha
      radio ja auto
            omenapuu ja naapuri

Minun elämäni, se paikka, jossa päätin elää

Kauniin Berryn vaaleat kutrit
lahjoitan niille Pariisin
katseiden leikki ja kutsu
Olohuoneessasi

Kuohuviinin ja Ollin
viisauden kuplat
Saunan oljet
 Skagen
 lihapullat

nojatuolien nurkkaus
Jugend salissa
Jazzin jytke

71

Unelmieni anatomia
kuin sotilaan kypärä
taisteluissa kolhiintunut
reikiä täynnä lopussa

Kun läheiseni menetin
mihin enää kuuluin

Kuka vielä kuuntelisi
kuulisi niin sisälle
että välittäisi

Kuka katsoisi niin
että kunnioittaisi
minuna

Kenen kanssa olisin
hiljaa vaivaantumatta

Tekisi mieleni huutaa
näkyäkseni

Ilman ääntäkin olen

Olenko tulossa hulluksi?

En, liialla kuormalla lastattu
liian monella viinillä mielikuvitukseni marinoitu
liian suuren jäätyneen järven rannalla uimahousuissa
liian usein sukat jäivät kaappiin loska-aamuina
liikaa lumitöitä vihreässä aamutakissani
liikaa omaisuuteni siirtoja banaanilaatikoissa
liikaa peruutettuja aikoja hammaslääkärille
unelmia liian kauniista naisista
Tiarani timantit liikaa vinossa

De nada,
ei mitään,
en kyennyt
mihinkään tänään

Möykky aivoissani
ei oikea
vaan keksimäni
esti kaiken tekemisen
tarpeellisen touhun
menot, maineteot

Jouten en silti ollut
ajattelin kaiken tämän

Lyhyenläntä, tanakka, vanttera mies
sarkaisessa työpuvussaan

Lapio tiukasti käsissä
varsi poikki vartalon
antaa iskun seuraavaan
ojanpenkkaan kaltevaan

Maa murtuu jalkojen alla
tasapaino säilyy
painopiste siirtyy

Valokuvaaja kuvallensa
kaivajalta luvan kysyy
Uhmakkaana kameraan katsoo
ylpeänä itsestänsä
katseensa vääjäämättä
läpi kameran tunkeutuu

Minulle annettiin myrsky
mieleeni rajuilma

Arolla laukkaavan
raivoavan tuulen tahti
Jostain sisältäni
tulee sen mahti

Hallitsevan, rajattoman
tyyneyden voiman
äänettömän, sanattoman
hiljaisen rauhan

sen saavutan
tai vaahtopäihini vajoan

Maanantai haisee
niin minäkin

Eri syistä
eri tavalla

Toinen kerran
toinen aina

Toinen toistuu
toinen poistuu

Uusi alku
      kuitenkin
            antaa mahdollisuuden
niin minäkin

ELÄMÄN LOPPU

Ei itkua tai surua elämän loppuun kuulu
Muistele tusinaa parasta hetkeäsi ja riemuitse niistä
Jos oikein vanhaksi elät, koet enemmän kuin muut
mutta loppu voi olla raskaampi, kivuliaampi
pelästyneenä kohtaat kohtalosi,
mutta riemuita voit enemmästä

Sisällys

Blogini: https://kmwegelius.blogspot.com